**CBAC
WJEC**

Cyhoeddwyd gan CBAC
Cyd-bwyllgor Addysg Cymru

Yr Uned Iaith Genedlaethol,
CBAC, 245 Rhodfa'r Gorllewin,
CAERDYDD, CF5 2YX.

Argraffwyd gan HSW Print

Argraffiad cyntaf: 2007

ISBN 1 86085 588 1

Cyhoeddwyd drwy gymorth ariannol
Llywodraeth Cynulliad Cymru.

Noddir gan
Lywodraeth
Cynulliad Cymru
Sponsored by
Welsh Assembly
Government

Cydnabyddiaeth
Acknowledgements

Awduron: Eirian Conlon, Emyr Davies

Golygydd: Glenys Mair Roberts

Dylunydd: Olwen Fowler

Rheolwr y Project: Emyr Davies

Mae'r darluniau gwreiddiol gan Brett Breckon.

Mae'r cyhoeddwyr yn ddiolchgar i'r canlynol
am ganiatâd i ddefnyddio ffotograffau:

Photolibrary Wales: Llun y clawr
BBC t.12
Olwen Fowler t.21

Dymuna'r cyhoeddwyr ddiolch i *Golwg* am ganiatâd
i ddefnyddio'r darn am Cynog Dafis ar dudalen 19.

Nodyn
Mae hwn yn gwrs newydd sbon, felly croesewir
sylwadau gan ddefnyddwyr, yn diwtoriaid ac yn
ddysgwyr. Anfonwch eich sylwadau drwy e-bost
at: lowri.morgan@cbac.co.uk, neu drwy'r post at:
Lowri Morgan, Yr Uned Iaith Genedlaethol, CBAC,
245 Rhodfa'r Gorllewin, CAERDYDD, CF5 2YX.

Pecyn Ymarfer – Cwrs Canolradd

Cyflwyniad

Cwrs Canolradd yw'r trydydd llyfr cwrs mewn cyfres o dri a fydd yn eich helpu i siarad a deall Cymraeg. Mae gwahanol fersiynau (*versions*) i ddysgwyr sy'n byw yn y Gogledd a'r De. Llyfrau ar gyfer grwpiau o ddysgwyr sy'n dysgu mewn dosbarthiadau unwaith yr wythnos, neu ar gyrsiau mwy dwys (*intensive*), ydyn nhw.

Mae'r *Cwrs Canolradd* yn cynnwys 30 uned i'w defnyddio yn y dosbarth gyda'ch tiwtor. Mae'r *Pecyn Ymarfer* (*Practice Pack*) hwn yn mynd gyda'r unedau yn y llyfr cwrs (ond nid yr atodiadau - *not the appendices*). Bydd y pecyn yn eich helpu i adolygu'r pethau dych chi wedi'u dysgu yn y dosbarth, trwy wahanol dasgau ac ymarferion. Ymarferion ysgrifennu ydyn nhw, ond mae'r cwrs yn canolbwyntio (*focus*) ar siarad a deall Cymraeg. Dylech chi geisio gwneud y daflen waith (*worksheet*) sy'n mynd gyda phob uned wrth fynd drwy'r cwrs, a'i rhoi i'ch tiwtor i'w marcio.

Does dim *rhaid* i chi wneud y gwaith cartre i ddod i'r dosbarth! Ond, mae'r tasgau yma'n help i gofio ac adolygu pethau.

Pob lwc!

Pecyn Ymarfer Cwrs Canolradd: Uned 1

Ymarfer 1

Dewiswch rywun o'r dosbarth, ac ateb y cwestiynau hyn amdano / amdani.
Atebwch mewn brawddegau.

1. Dyma _____

2. Ble mae e'n / hi'n byw?

_____

3. Ble mae e'n / hi'n gweithio?

_____

4. Oes teulu gyda fe / hi?

_____

5. Ble aeth e / hi ar wyliau ddiwetha?

_____

6. Ble hoffai fe / hi fynd ar wyliau, dych chi'n meddwl? Pam?

_____

7. Ble hoffai eich tiwtor chi fynd ar wyliau, dych chi'n meddwl? Pam?

_____

Ymarfer 2

Ysgrifennwch baragraff gan ddechrau â'r geiriau:

Y gwyliau gwaetha ges i erioed oedd.... _____

_____

_____

_____

_____

Ymarfer 3

Defnyddiwch y geiriau hyn mewn brawddegau:

1. amgueddfa

_____

2. eisteddfod

_____

3. tafarn

_____

4. crempog

_____

5. Llydaweg

_____

6. bendigedig

_____

7. cyfforddus

_____

8. cyfleus

_____

Ymarfer 4

Llenwch y bylchau yn y darn hwn, gan ddefnyddio'r geiriau mewn cromfachau fel sbardun. Peidiwch edrych ar y llyfr cwrs!

Dros yr haf ro'n i eisiau mynd i'r Eisteddfod _____ i siarad Cymraeg. Ond roedd

pawb arall o'r teulu'n meddwl _____ yr Eisteddfod yn bell. Doedd dim ond pythefnos

o wyliau _____ fi o'r gwaith ac roedd pawb arall eisiau mynd dros y môr. Felly,

_____ (mynd) ni i Lydaw gyda theulu arall o ffrindiau. Yn anffodus, doedd _____

arall yn siarad Cymraeg, felly paciais i fy llyfr cwrs (wrth gwrs!) i gael adolygu ar ben fy

_____ ar y traeth. Hwylion ni dros nos o Plymouth i Roscoff. Ro'n i'n meddwl bod

y cwch yn _____ (cyfleus) ac yn _____ (cyfforddus).

Pecyn Ymarfer Cwrs Canolradd: Uned 2

Ymarfer 1

Atebwch y cwestiynau hyn mewn brawddeg. Does dim rhaid dweud y gwir!

e.e.   Ble mae dy dad di'n byw?   → Mae fy nhad i'n byw yn Nhregaron.

1.   Ble mae dy dad-cu di'n byw?

_____

2.   Ble mae dy gefnder di'n byw?

_____

3.   Ble mae dy frawd di'n byw?

_____

4.   Ble mae dy ddosbarth di'n cwrdd?

_____

5.   Ble mae dy diwtor di'n byw?

_____

6.   Ble mae dy gyfrifiadur di?

_____

Ymarfer 2

Newidiwch y brawddegau gan ddefnyddio'r enghraifft:

e.e.   Dyma ei waith e!   Nage! Dyma ei gwaith hi!

1.   Dyma ei gath e!   _____

2.   Dyma ei dŷ fe!   _____

3.   Dyma ei blant e!   _____

4.   Dyma ei diwtor e!   _____

5.   Dyma ei mab hi!   _____

6.   Dyma ei llyfr hi!   _____

Ymarfer 3

Atebwch y cwestiynau hyn gan ddefnyddio **Cyn...** neu **Ar ôl...** neu **Erbyn...** neu **Rhag ofn...**

e.e.   Pam wyt ti'n gyrru'n gyflym?   ➜   Rhag ofn i fi fod yn hwyr.

1.   Pryd wyt ti'n cael brecwast?

_____

2.   Pryd wyt ti'n mynd i'r gwaith?

_____

3.   Pryd mae'r dosbarth yn cael bisgedi?

_____

4.   Pam wyt ti'n mynd i'r gwely'n gynnar?

_____

5.   Pryd wyt ti'n cael swper?

_____

6.   Pam wyt ti'n cerdded i'r gwaith?

_____

Ymarfer 4

Ysgrifennwch rywbeth am eich teulu chi gan ateb y cwestiynau yma:

1.   Oes teulu gyda chi sy'n byw yn lleol? Pwy? Beth maen nhw'n wneud?

_____

_____

_____

2.   Oes teulu gyda chi sy'n byw dramor? Pwy? Beth maen nhw'n wneud?

_____

_____

_____

3.   Dych chi'n gwybod rhywbeth am hanes eich teulu chi yn y gorffennol?
         Pa mor bell yn ôl? Oes rhywun diddorol yn eich teulu chi?

_____

_____

_____

Pecyn Ymarfer Cwrs Canolradd: Uned 3

Ymarfer 1

Atebwch y cwestiynau hyn mewn brawddeg:

1. Beth fasech chi'n wneud, tasai hi'n bwrw glaw?

_____

2. Beth fasech chi'n wneud, tasai digon o arian gyda chi?

_____

3. Beth hoffech chi wneud dydd Sadwrn nesa?

_____

4. Ble hoffech chi fyw, tasech chi ddim yn byw yn eich cartre presennol?
Beth am eich teulu?

_____

5. Beth ddylech chi wneud dros y penwythnos nesa?

_____

6. Beth ddylech chi fod wedi wneud y penwythnos diwetha?

_____

Ymarfer 2

Llenwch y bylchau yn y brawddegau hyn gan ddefnyddio'r geiriau mewn cromfachau fel sbardun.

1. _____ (hoffi) ti fynd ar wyliau i America?

2. _____ (lico) fe weld y traeth.

3. _____ (bod) nhw wrth eu bodd yn dod i'r parti.

4. _____ (gallu) i ddim gwneud y fath beth!

5. _____ (dyl-) chi ddim siarad Saesneg yn y dosbarth!

6. _____ (bod) i'n mynd i ogledd Cymru, taswn i'n cael.

7. _____ (lico) ti gael siwgr yn y te?

8. _____ (hoffi) John, ei wraig e, a phawb yn y pentre ddod i'r dosbarth.

Ymarfer 3

Y gwyliau perffaith. Ysgrifennwch frawddegau yng ngholofn **Chi** i ddisgrifio eich gwyliau perffaith chi. Ysgrifennwch frawddegau yng ngholofn **Eich gŵr / gwraig / partner** i sôn am wyliau perffaith person arall.

	Chi	Eich gŵr / gwraig / partner
Ble?		
Gyda pwy?		
Gweld beth?		
Bwyta beth?		
Amser gorau?		

Ymarfer 4

Ysgrifennwch nodyn byr at eich pennaeth yn y gwaith yn ymddiheuro am rywbeth dych chi wedi ei wneud.

_____

_____

_____

_____

_____

_____

_____

_____

Pecyn Ymarfer - Cwrs Canolradd: Uned 3

Pecyn Ymarfer Cwrs Canolradd: Uned 4

Ymarfer 1

Llenwch y bylchau yn brawddegau hyn, gan ddefnyddio'r gair mewn cromfachau fel sbardun.

1. Roedd dydd Llun yn _____ (oer) na dydd Sadwrn.

2. Mae Sbaen yn _____ (poeth) na Ffrainc.

3. Mae Ferrari'n _____ (drud) na Skoda.

4. Roedd tywydd ddoe yn _____ (gwlyb) na thywydd echdoe.

5. Dw i'n meddwl bod Tesco'n _____ (rhad) na Spar.

6. Mae Cymru'n _____ (bach) na'r Alban.

7. Mae gwin Ffrainc yn _____ (da) na gwin Sbaen.

8. Mae bod yn diwtor yn _____ (hawdd) na bod yn ddysgwr.

9. Mae Cader Idris yn _____ (isel) na'r Wyddfa.

10. Ydy'r llyfr yma'n _____ (da) neu'n _____ (drwg) na'r ffilm?

Ymarfer 2

Ysgrifennwch frawddegau gan ddefnyddio'r sbardunau yma, e.e.

mis Mawrth + diflas + mis Chwefror > *Mae mis Mawrth mor ddiflas â mis Chwefror.*

1. Porsche + drud + Lamborghini

_____

2. Liverpool Utd. + da + Newcastle Utd.

_____

3. tywydd heddiw + gwyntog + tywydd ddoe

_____

4. cyfrifiadur + defnyddiol + car

_____

5. cath Twm + bach + cath Mair

_____

6. tŷ Gwen + mawr + tŷ Jim

_____

Ymarfer 3

Llenwch y bylchau yn y brawddegau hyn.

1. Everest yw'r mynydd _____ yn y byd.

2. Pavarotti yw'r canwr _____ yn y byd.

3. Rwsia yw'r wlad _____ yn y byd.

4. Lamborghini yw'r car _____ yn y byd.

5. Y Simpsons yw'r rhaglen _____ yn y byd.

6. Cymraeg yw'r iaith _____ yn y byd i'w dysgu!

7. Dw i'n meddwl _____ John Evans oedd y dyn hena yng Nghymru.

8. Gallu siarad Cymraeg yw'r peth _____ (pwysig) i fi.

Ymarfer 4

Ysgrifennwch frawddegau yn cymharu pawb yn eich teulu chi. Pa mor dda yw pawb am wneud pethau fel canu, cadw'n heini, bwyta'n iach, bod yn daclus, cofio pen-blwyddi?
e.e. *Mae Anti Mair yn well na fi am ganu. Fy mrawd i, John, yw'r mwya taclus.*

1. _____

2. _____

3. _____

4. _____

5. _____

6. _____

7. _____

8. _____

Pecyn Ymarfer Cwrs Canolradd: Uned 5

Ymarfer 1

Llenwch y bylchau yn brawddegau hyn, gan ddefnyddio'r gair mewn cromfachau fel sbardun.

1. Pwy _____ siarad ar hyn o bryd?

2. Pwy _____ heb gyrraedd y dosbarth nawr?

3. Pwy _____ ddim yn mynd i'r gwaith yfory?

4. Pwy _____ yn y swyddfa wythnos diwetha?

5. Pwy _____ orffen y gwaith ddoe?

Ymarfer 2

Ysgrifennwch frawddeg am y bobl hyn gan ddefnyddio **sy**, **oedd** neu **wnaeth**:

1. Homer Simpson

   _____

2. Marilyn Monroe

   _____

3. Charles Dickens

   _____

4. Hilary Clinton

   _____

5. Ryan Giggs

   _____

6. Ellen McArthur

   _____

Ymarfer 3

Cyfieithwch yr ymadroddion yma:

1. A woman who used to live here

_____

2. A man who works in an office

_____

3. Someone who hasn't done their homework

_____

4. It's John Major who used to run the country

_____

5. It's Tony Blair who runs the country now

_____

6. It's Gordon Brown who will run the country

_____

7. Will it be pasta for lunch tomorrow?

_____

8. The man who wrote Macbeth

_____

Ymarfer 4

Dych chi eisiau rhentu tŷ ar gyfer gwyliau. Ysgrifennwch at berchennog y tŷ yn gofyn am ragor o fanylion ac yn dweud beth dych chi eisiau. Dwedwch ble gweloch chi'r hysbyseb, pryd dych chi eisiau'r tŷ, am faint o amser ac yn y blaen.

Annwyl Mr Jones,

_____

_____

_____

_____

_____

_____

_____

Yn gywir,

_____

Pecyn Ymarfer Cwrs Canolradd: Uned 6

Ymarfer 1

Atebwch y brawddegau hyn drwy ddweud **Nage** a brawddeg i ddilyn, e.e.
Yng Nghwm-twrch wyt ti'n byw?   Nage, yng Nghaernarfon dw i'n byw.

1.   Yn Tesco wyt ti'n siopa?
_____

2.   Yng ngogledd Cymru wyt ti'n byw?
_____

3.   Gyrrwr bws oedd dy dad di?
_____

4.   Hafod oedd cyfeiriad dy frawd di?
_____

5.   Ffrangeg mae hi'n siarad?
_____

6.   I goleg Llanbed est ti?
_____

7.   Cantores yw dy wraig di?
_____

8.   Mab a merch sy gyda ti?
_____

Ymarfer 2

Darllenwch y darn yma. Yna, ysgrifennwch gyfweliad (*interview*)
â Huw Edwards, gan ddefnyddio'r wybodaeth yn y darn.

Yn 2002, cafodd Huw Edwards ei benodi yn brif ddarllenydd newyddion y BBC, ar y rhaglen newyddion deg o'r gloch, *News at Ten*. Roedd e'n falch iawn o gael dilyn pobl fel Michael Buerk a Peter Sissons.

O Langennech ger Llanelli mae e'n dod, a phan oedd e yn yr ysgol roedd e'n gweithio'n galed iawn. Ar un amser, roedd e eisiau bod yn bianydd proffesiynol. Ond pan oedd e'n 14 neu 15 oed, roedd e'n gwybod fasai fe ddim yn ddigon da i ganu'r piano ar y lefel ucha. Felly, aeth e i'r brifysgol yng Nghaerdydd i astudio Ffrangeg.

Hap a damwain oedd mynd i fyd y teledu.

Gwelodd e hysbyseb gan y BBC yn gofyn am bobl i ddod i hyfforddi fel newyddiadurwyr ym 1984. 'Roedd hyn yn amser gwych', meddai Huw, 'er mod i wedi gwneud llawer o gamgymeriadau.' Ym 1999, daeth Huw yn enwog dros y wlad, fel cyflwynydd newyddion chwech o'r gloch.

Mae e wedi gwneud llawer o bethau eraill. Mae e wedi cyflwyno rhaglenni cerddoriaeth ar y radio, ac wedi cyflwyno *Songs of Praise*. Un o'r pethau mwya anodd mae e wedi wneud yw cyflwyno o ben gwesty yn Efrog Newydd, flwyddyn ar ôl 11 Medi. 'Roedd hi mor wyntog,' meddai, 'ro'n i bron â chael fy chwythu o ben yr adeilad.'

C. Beth yw'ch swydd chi ar hyn o bryd?

A. Fi yw prif ddarllenydd newyddion y BBC am ddeg o'r gloch.

C. _____

A. _____

C. _____

A. _____

C. _____

A. _____

C. _____

A. _____

C. _____

A. _____

C. _____

A. _____

C. _____

A. _____

C. _____

A. _____

 Geirfa

balch	-	*glad*
cyflwyno	-	*to present*
hap a damwain	-	*chance*
cyflwynydd (cyflwynwyr)	-	*presenter(s)*
camgymeriad(au)	-	*mistake(s)*
chwythu	-	*to blow*
newyddiadurwr (-wyr)	-	*reporter(s)*

Pecyn Ymarfer Cwrs Canolradd: Uned 7

Ymarfer 1

Trowch y brawddegau hyn i ddechrau â **Dwedodd...**

1. Neges Lowri: 'Dw i'n mynd i'r cyfarfod heno'

_____

2. Neges Iwan: 'Dw i wedi anfon llythyr'

_____

3. Neges Mair: 'Mae'r plant yn gallu mynd i'r cyngerdd'

_____

4. Neges John: 'Rhaid i chi siarad â'r tiwtor'

_____

5. Neges y rheolwr: 'Dw i eisiau i ti chwarae dydd Sul'

_____

6. Neges Margaret: 'Rwyt ti'n hwyr'

_____

Ymarfer 2

Atebwch y cwestiynau hyn:

1. Beth o't ti'n wneud ddeg mlynedd yn ôl?

_____

2. Ble o't ti'n byw ddeg mlynedd yn ôl?

_____

3. Beth o't ti'n wneud yn dy amser hamdden ddeg mlynedd yn ôl?

_____

4. Beth o't ti'n wneud ugain mlynedd yn ôl?

_____

5. Ble o't ti'n byw ugain mlynedd yn ôl?

_____

6. Beth o't ti'n wneud yn dy amser hamdden ugain mlynedd yn ôl?

_____

Ymarfer 3

Cyfieithwch y brawddegau hyn:

1. She must be a doctor

_____

2. He must be tired

_____

3. It must be John who is responsible

_____

4. They must know about the problem

_____

5. It must be Lowri's brother

_____

6. They must have a computer

_____

Ymarfer 4

Mae cwmni *Llyfrau i Bawb* yn cynnal arolwg (*survey*) am arferion (*habits*) darllen pobl. Llenwch y ffurflen yma.

Llyfrau i Bawb

Enw llawn: _____   Oed:_____

Dych chi'n darllen llyfrau?

_____

Pa mor aml dych chi'n darllen llyfrau?

_____

Pa fath o lyfrau dych chi'n eu darllen?

_____

Ble dych chi'n prynu/benthyg llyfrau?

_____

Beth fasai'n gwneud i chi ddarllen rhagor o lyfrau?

_____

Pecyn Ymarfer Cwrs Canolradd: Uned 8

Ymarfer 1

Atebwch y cwestiynau yma:

1. Faint o'ch teulu chi sy'n byw yn yr un pentre / dre â chi?

_____

2. Faint o'ch teulu chi sy wedi ymddeol?

_____

3. Faint o'ch teulu chi sy'n siarad Cymraeg?

_____

4. Faint o'ch teulu chi sy'n siarad iaith arall?

_____

5. Faint o'ch teulu chi sy'n gwrando ar y radio bob dydd?

_____

Ymarfer 2

Trowch y brawddegau yma yn negyddol (*negatives*):

1. Ges i'r swydd _____

2. Prynodd e'r tŷ _____

3. Talon nhw'r bil _____

4. Gwelodd hi'r ffilm _____

5. Bwytais i'r sglodion _____

6. Ffoniais i chi _____

7. Clywais i chi _____

8. Talais i fe _____

9. Prynais i fe _____

10. Anghofiais i hi _____

11. Darllenodd e nhw _____

12. Gwerthodd hi nhw _____

Ymarfer 3

Chi yw Dewi yn y stori yma. Ail-ysgrifennwch y stori:

Un prynhawn, aeth Dewi a Diane am dro. Welon nhw mo'r bwletin tywydd cyn gadael. Aethon nhw o'r tŷ a cherdded am oriau. Erbyn tri o'r gloch, roedd y ddau wedi blino, a do'n nhw ddim eisiau cerdded milltiroedd eto. Dwedodd Dewi basai fe'n ffonio ei frawd e. Yn anffodus, doedd y ffôn ddim yn gweithio, ac roedd rhaid iddyn nhw gerdded adre. Gaeth y ddau ohonyn nhw eu dal yn y glaw ofnadwy!

_____

_____

_____

_____

_____

_____

_____

_____

_____

_____

_____

_____

_____

_____

_____

_____

_____

_____

Pecyn Ymarfer - Cwrs Canolradd: Uned 8

Pecyn Ymarfer
Cwrs Canolradd: Uned
9

Ymarfer 1

Ysgrifennwch lythyr byr at y dyn drws nesa yn cwyno am rywbeth sy wedi digwydd.

_____

_____

_____

_____

_____

_____

_____

_____

_____

_____

_____

_____

Ymarfer 2

Ysgrifennwch lythyr at eich tiwtor yn rhoi gwahoddiad i barti'r dosbarth.
Esboniwch beth yw'r trefniadau, yr amser a'r lleoliad (*location*).

_____

_____

_____

_____

_____

_____

_____

_____

_____

_____

_____

_____

_____

_____

_____

Pecyn Ymarfer Cwrs Canolradd: Uned 10

Ymarfer 1

Darllenwch yr hysbyseb yma ac ateb y cwestiynau:

Unrhyw beth at achos da

(addasiad o erthygl yn Golwg, *23 Mawrth 2006)*

Bydd cyn-Aelod seneddol a Chynulliad yn neidio allan o awyren ym mis Mai i godi arian at achos da. Bydd Cynog Dafis yn dathlu ei ben-blwydd yn 68 mlwydd oed ar 1 Ebrill eleni, ond nid jôc yw'r bwriad i wneud naid barasiwt. Mae e eisiau codi £2,000 at sefydlu hosbis yng Ngheredigion.

Bydd e'n mynd i faes awyr Langar yn Swydd Nottingham ac yn neidio allan o awyren - wedi ei glymu wrth neidiwr profiadol, wrth gwrs. Bydd e'n cymryd 45 eiliad i ddisgyn, cyn i'r parasiwt agor. 'Ro'n i wedi penderfynu ers misoedd mod i eisiau gwneud hyn,' meddai Cynog, 'ond roedd rhaid i fi fynd at y meddyg yn gynta i gael tystysgrif i ddweud mod i'n ddigon iach i neidio allan o awyren. Wrth gwrs, dw i'n cadw fy hunan yn ffit: dw i'n rhedeg pedair milltir dair gwaith yr wythnos. Pan o'n i'n gweithio yn y Senedd, ro'n i'n arfer rhedeg cyn brecwast. Nawr, dw i'n rhedeg cyn swper.

Mae Cynog wedi anfon e-bost at bawb mae'n eu nabod yn gofyn iddyn nhw ei noddi. Mae e hefyd wedi anfon at bob Aelod Cynulliad i ofyn am arian.

Geirfa

addasiad(au)	- *adaptation(s)*	hosbis	- *hospice*
erthygl(au) (b)	- *article(s)*	maes awyr	
Aelod Seneddol	- *Member of Parliament*	(meysydd awyr)	- *airport(s)*
Cynulliad	- *Assembly*	clymu	- *to tie*
achos da		neidiwr (neidwyr)	- *jumper(s) (person)*
(achosion da)	- *good cause(s)*	profiadol	- *experienced*
dathlu	- *to celebrate*	eiliad(au) (b)	- *second(s)*
naid barasiwt (b)	- *parashute jump*	tystysgrif(au) (b)	- *certificate(s)*
sefydlu	- *to establish, to set up*	noddi	- *to sponsor*

Cwestiynau

1. Beth oedd gwaith Cynog Dafis?

_____

2. Faint yw ei oedran ar hyn o bryd (mis Mawrth 2006)?

_____

3. At beth mae e'n codi arian?

_____

4. Pwy fydd yn neidio gyda fe?

_____

5. Beth roedd rhaid iddo wneud cyn cael neidio?

_____

6. Sut mae Cynog Dafis yn cadw'n heini?

_____

7. Pryd mae e'n gwneud hynny fel arfer?

_____

8. Pwy mae e'n gobeithio fydd yn ei noddi?

_____

 Ymarfer 2

Atebwch y cwestiynau hyn:

1. Fasech chi'n neidio o awyren? Pam?

_____

_____

_____

2. Tasech chi'n gwneud rhywbeth i godi arian, pa achos da fasech chi'n ddewis? Pam?

_____

_____

_____

3. Sut arall basech chi'n codi arian?

_____

_____

_____

Pecyn Ymarfer Cwrs Canolradd: Uned 11

Ymarfer 1

Llenwch y bylchau yn y brawddegau yma:

1. Dyn ni'n dweud 'helo' _____ y tiwtor.

2. Dw i'n chwilio _____ y llyfr.

3. Maen nhw'n edrych _____ y teledu.

4. Mae e'n siarad _____'r tiwtor.

5. Dyn ni'n ymweld _____'r Eisteddfod.

6. Gawn ni ofyn _____ John?

7. _____ beth dych chi'n gwrando?

8. _____ bwy dych chi'n aros?

9. _____ ble mae e'n mynd?

10. _____ bwy rwyt ti'n anfon tecst?

Ymarfer 2

Atebwch y cwestiynau, gan ddilyn yr enghraifft.

e.e.   Wyt ti wedi clywed am Mari?
       Ydw, dw i wedi clywed amdani hi.

1.   Wyt ti'n edrych ar y plant?

_____

2.   Wyt ti wedi gofyn i Angela?

_____

3.   Wyt ti wedi dweud wrth Tomos?

_____

4.   Wyt ti wedi anfon tecst at Lowri?

_____

5.   Wyt ti wedi cwyno am Eleri?

_____

6.   Wyt ti'n chwilio am y llyfrau?

_____

7.   Wyt ti wedi anfon carden at Dewi a Diane?

_____

8.   Wyt ti'n gwrando ar *The Archers*?

_____

9.   Wyt ti wedi siarad â John?

_____

Ymarfer 3

Ysgrifennwch gwestiynau i fynd gyda'r atebion yma:

1. _____   Dyn ni'n chwilio am y llyfr cwrs.
2. _____   Dyn ni'n siarad am y tywydd.
3. _____   Dyn ni wedi dweud wrth bawb.
4. _____   Dyn ni wedi gofyn i Nia.
5. _____   Dyn ni'n edrych ar *Pobl y Cwm*.
6. _____   Maen nhw'n cwyno am y gwaith.
7. _____   Dyn ni'n meddwl am y broblem.
8. _____   Dyn ni wedi anfon at y dosbarth.

Pecyn Ymarfer
Cwrs Canolradd:
Uned 12

Ymarfer 1

Llenwch y bylchau yn y brawddegau yma:

1. Ble _____ ti dy eni?
2. Pryd _____ nhw eu geni?
3. Ble _____ hi ei magu?
4. Pryd gaeth yr eglwys ei _____ (adeiladu)?
5. Pryd gaeth y tŷ ei _____ (peintio)?

Ymarfer 2

Atebwch y cwestiynau yma gan ddefnyddio'r sbardun i ateb mewn brawddegau, e.e.

Beth ddigwyddodd i'r plant ddoe?   (anfon adre)
Gaethon nhw eu hanfon adre.

1. Beth ddigwyddiff i'r car yfory?   (gwerthu)
   _____

2. Beth sy wedi digwydd i'r ci?   (lladd)
   _____

3. Beth ddigwyddiff i Mrs Jones yfory?   (arestio)
   _____

4. Beth sy'n digwydd i'r dafarn?   (prynu)
   _____

5. Beth sy'n digwydd i ti nawr?   (diswyddo)
   _____

6. Beth ddigwyddiff i fi yfory?   (dal)
   _____

7. Beth sy wedi digwydd i'r plant?   (anghofio)
   _____

8. Beth ddigwyddodd i'r dynion neithiwr?   (anfon adre)
   _____

Ymarfer 3

Edrychwch ar y bwletin newyddion ar y teledu, neu wrando ar y bwletin newyddion ar y radio. Nodwch y prif storïau yma, mewn 2 neu 3 brawddeg yr un. Rhaid i chi ddefnyddio **Gaeth .... ei ....** neu **Cafodd .... ei ....** ym mhob eitem.

Stori 1

_____

_____

_____

_____

_____

Stori 2

_____

_____

_____

_____

_____

Stori 3

_____

_____

_____

_____

_____

Pecyn Ymarfer Cwrs Canolradd: Uned 13

Ymarfer 1

Trowch y brawddegau yma i ddefnyddio'r amhersonol: -wyd, e.e.

     Cafodd y cyngerdd ei gynnal ➔ Cynhaliwyd y cyngerdd

1. Cafodd yr ysbyty ei agor   _____

2. Cafodd y dyn ei anafu   _____

3. Cafodd y broblem ei hachosi   _____

4. Cafodd y wobr ei hennill   _____

5. Cafodd y papur ei ysgrifennu   _____

6. Cafodd y gwaith ei wneud   _____

7. Cafodd yr arian ei godi   _____

8. Cafodd y ffenest ei thorri   _____

9. Cafodd y llestri eu golchi   _____

10. Cafodd y plant eu geni gartre   _____

Ymarfer 2

Cyfieithwch y brawddegau yma:

1.   The children should be taken to school

    _____

2.   The work could be done at home

    _____

3.   Many people used to be seen walking on the beach

    _____

4.   The bus used to be used by every one

    _____

5.   Concerts used to be held in the school

    _____

Ymarfer 3

Darllenwch y darn yma:

Cafodd eglwys Llanaber ei hadeiladu ym 1889. Doedd dim llawer o bobl yn byw yn y pentre, ond cafodd llawer o dai eu codi yn yr ardal yn y ganrif ddiwetha. Bu tân mawr yn yr eglwys tua 1900 a chafodd yr adeilad ei losgi i'r llawr. Cafodd llawer o'r gwaith ailadeiladu ei wneud gan bobl leol. Roedd llawer o gyngherddau'n cael eu cynnal i godi arian i helpu'r achos. Cafodd yr eglwys newydd ei hagor ym 1930, er nad oedd llawer o arian ar gael gyda neb yr amser hynny. Roedd rhaid talu cannoedd o bunnoedd i gael ffenestri newydd a chafodd yr arian am y rhain ei roi gan un teulu cyfoethog o'r pentre.

Rhowch y gair cywir yn y bwlch, ar ôl darllen y darn.

_____ yr eglwys ym 1889.

_____ llawer o dai yn yr ardal wedi hynny.

_____ yr eglwys i'r llawr tua 1900.

_____ llawer o'r gwaith adeiladu gan bobl leol.

_____ cyngherddau i helpu'r achos.

_____ yr eglwys newydd ym 1930.

_____ cannoedd o bunnoedd i gael ffenestri newydd.

_____ yr arian am y ffenestri gan un teulu cyfoethog.

Ymarfer 4

Mae'r cyngor eisiau adeiladu ffordd osgoi yn eich ardal chi. Ysgrifennwch ddau reswm o blaid y syniad, a dau reswm yn erbyn y syniad.

O blaid: _____

_____

_____

_____

Yn erbyn: _____

_____

_____

_____

Pecyn Ymarfer - Cwrs Canolradd: Uned 13

Pecyn Ymarfer
Cwrs Canolradd:
Uned 14

Ymarfer 1

Beth fasech chi'n ddweud wrth y bobl yma:

1. **A.** Dw i'n ddeunaw oed heddiw!

   B. _____

2. **A.** Dw i'n dechrau gweithio mewn ysgol yfory!

   B. _____

3. **A.** Mae fy ngwraig i wedi cael babi!

   B. _____

4. **A.** Mae fy ngŵr a fi'n briod ers dau ddeg pum mlynedd!

   B. _____

5. **A.** Dw i'n chwe deg pump heddiw!

   B. _____

6. **A.** Roedd rhywun wedi dwyn fy nghar i neithiwr!

   B. _____

7. **A.** Buodd fy hen dad-cu farw dros y penwythnos.

   B. _____

8. **A.** Mae gwraig John wedi mynd i'r ysbyty.

   B. _____

Ymarfer 2

Darllenwch yr hysbysiadau yma:

> Pob cydymdeimlad â theulu Tŷ Nant, ar ôl colli hen fam-gu yn ddiweddar. Roedd Martha'n naw deg naw oed, ac yn un o gymeriadau'r pentre. Diolchodd ei mab John Thomas i bawb oedd wedi anfon gair o gydymdeimlad at y teulu.

> Priodas dda i Paul a Nia Jones, Tŷ Mawr. Bydd y diwrnod mawr ar y cyntaf o Fai yng Nghapel Seion, ac mae'r pâr yn bwriadu treulio eu mis mêl yn India, cyn dod adre i redeg y fferm.

> *Llongyfarchiadau i Seimon Waters, Bryn Mawr, ar gael ei ddewis i chwarae yn nhîm rygbi Cymru dan 18 oed. Mae e'n dilyn ei frawd hŷn sydd bellach yn chwarae'n broffesiynol i glwb yng ngogledd Lloegr.*

Atebwch y cwestiynau:

1. Pam mae enw Martha Thomas yn y papur?

_____

2. Pam mae John yn ddiolchgar?

_____

3. Pam mae enw Seimon Waters yn y papur?

_____

4. Beth sy'n profi eu bod nhw'n deulu talentog ym maes chwaraeon?

_____

5. Pam mae enw Nia Jones yn y papur?

_____

6. Pam maen nhw'n mynd i India?

_____

Ymarfer 3

Atebwch y cwestiynau yma:

1. Beth oedd y peth diwetha i chi ei ddathlu fel teulu? Beth wnaethoch chi?

_____

_____

_____

2. Dych chi wedi bod yn yr ysbyty erioed? Beth dych chi'n gofio am y profiad?

_____

_____

_____

Pecyn Ymarfer Cwrs Canolradd: Uned 15

Ymarfer 1

Atebwch y cwestiynau yma:

1. Ble gaethoch chi eich geni a'ch magu?

_____

_____

2. O ble mae eich teulu chi'n dod yn wreiddiol?

_____

_____

3. Pryd oedd y tro diwetha i chi gwrdd fel teulu? Beth oedd y rheswm?

_____

_____

Ymarfer 2

Darllenwch yr eitemau newyddion yma ac ateb y cwestiynau:

i. Bu damwain fawr ar yr M4 y bore 'ma. Lladdwyd un dyn ar ôl i'w gar daro yn erbyn car arall mewn traffig trwm. Aethpwyd â gyrrwr y car arall i'r ysbyty yn diodde o sioc. Bu'r draffordd ar gau am ddwy awr.

ii. Agorwyd ffatri gwneud batris ceir ger Llandrindod heddiw. Bydd gwaith i hanner cant o bobl i ddechrau, ond mae gobaith y bydd y nifer yn dyblu erbyn y flwyddyn nesa.

iii. Daeth Prif Weinidog Cymru i Aberteifi heddiw i agor clwb golff newydd. Mae'r clwb wedi costio miliwn o bunnoedd, a gobeithio y bydd yn denu llawer o ymwelwyr i'r ardal. Dywedodd y Prif Weinidog ei fod yn hoff iawn o'r ardal hon.

iv. Cafodd tri dyn eu harestio yng ngogledd Cymru am werthu cyffuriau ar draeth y Rhyl. Roedd yr heddlu wedi bod yn gwylio'r dynion ers wythnosau, a dywedodd yr heddlu y bydd rhagor o bobl sy'n gysylltiedig â'r dynion yn cael eu harestio cyn hir.

v. Chwaraeon nesa. Mewn gêm rygbi gyffrous rhwng tîm Leinster a Gleision Caerdydd, cafodd Mike Phillips gais yn y munudau olaf i ennill y gêm o ddau bwynt. Nawr bydd y tîm o Gymru yn mynd ymlaen i chwarae mewn cystadleuaeth yn Ewrop y flwyddyn nesa.

vi. A'r tywydd i gloi. Bydd hi'n oeri dros nos a bydd gwynt a glaw yn dod o'r gogledd. Bydd y tywydd yn braf bore yfory yn y De, ond disgwylir y bydd y tywydd ofnadwy'n cyrraedd erbyn y prynhawn.

Cwestiynau

1. Pam roedd y draffordd wedi cau?

_____

2. Faint o bobl fydd yn gweithio yn y ffatri erbyn y flwyddyn nesa?

_____

3. Beth fydd effaith cael clwb golff newydd ar ardal Aberteifi?

_____

4. Pam cafodd y dynion eu harestio yn y Rhyl?

_____

5. Beth fydd y tîm o Gymru'n cael gwneud y flwyddyn nesa?

_____

6. Pryd a ble bydd y tywydd gorau yfory?

_____

Ymarfer 3

Mae eich ffrind wedi cael newyddion drwg. Ysgrifennwch lythyr ato/ati yn cydymdeimlo, ac yn cynnig helpu.

_____

_____

_____

_____

_____

_____

_____

_____

_____

Pecyn Ymarfer
Cwrs Canolradd:
Uned 16

Mae'r Bwrdd Croeso yn cynnal arolwg (*survey*) o bob gwesty yng Nghymru. Dych chi wedi aros mewn gwesty yn rhywle yn ddiweddar ac wedi derbyn y ffurflen yma i'w llenwi.

Arolwg y Bwrdd Croeso

Llenwch y ffurflen isod :

1. Beth yw enw'r gwesty ble arhosoch chi?

    _____

2. Am sawl noson arhosoch chi yn y gwesty?

    _____

3. Faint gostiodd eich arhosiad yn y gwesty?

    _____

4. Disgrifiwch :

    a) Yr ystafelloedd a'r cyfleusterau (*facilities*) yn y gwesty ei hun (tua 50 gair)

    _____
    _____
    _____
    _____
    _____
    _____
    _____
    _____
    _____

b) Y bwyd a'r gwasanaeth (tua 40 gair)

_____

_____

_____

_____

_____

_____

_____

_____

_____

c) Y lleoliad a'r ardal o gwmpas y gwesty (tua 60 gair)

_____

_____

_____

_____

_____

_____

_____

_____

_____

_____

_____

_____

_____

5.   Fasech chi'n dweud wrth eich ffrindiau chi am fynd i'r gwesty yma?

_____

Pecyn Ymarfer Cwrs Canolradd: Uned 17

Ymarfer 1

Trowch y rhain yn orchmynion i **chi**:

1. Rho dy lyfrau ar y ddesg. _____

2. Dere i barti'r dosbarth. _____

3. Gwna'r gwaith cartre. _____

4. Paid anghofio. _____

5. Dysga'r geiriau hyn. _____

6. Cofia wneud y gwaith cartre. _____

Ymarfer 2

Trowch y rhain yn orchmynion i **ti**:

1. Trowch i dudalen saith. _____

2. Agorwch eich llyfrau. _____

3. Cerwch i'r cwrs penwythnos. _____

4. Mwynhewch y gwyliau. _____

5. Gwrandewch ar y radio. _____

6. Peidiwch mynd adre. _____

Ymarfer 3

Ysgrifennwch gynghorion i ffrind neu rywun o'r teulu ar sut i wella eu bywyd.
Defnyddiwch orchmynion i **ti**:

Enw'r person:	
Beth i'w wneud	Beth i beidio gwneud

 Ymarfer 4

Ysgrifennwch restr o orchmynion y basai rhieni'n eu rhoi i'w plant (10 ohonyn nhw).

1. _____
2. _____
3. _____
4. _____
5. _____
6. _____
7. _____
8. _____
9. _____
10. _____

 Ymarfer 5

Dych chi'n mynd i America am fis. Ysgrifennwch nodyn at y person drws
nesa yn gofyn iddo / iddi edrych ar ôl y tŷ, tra byddwch chi i ffwrdd.

_____
_____
_____
_____
_____
_____
_____
_____

Pecyn Ymarfer Cwrs Canolradd: Uned 18

Ymarfer 1

Atebwch y cwestiynau yma:

1. Dych chi'n gwrando llawer ar y radio? Pryd? Ar beth?

_____

_____

_____

2. O'ch chi'n gwrando mwy ar y radio pan o'ch chi'n ifanc?

_____

_____

_____

3. Pa un yw'ch hoff raglen deledu neu raglen radio erioed?

_____

_____

_____

4. Dych chi'n gwylio S4C neu'n gwrando ar Radio Cymru o gwbl?

_____

_____

_____

5. Beth dych chi'n feddwl o raglenni i ddysgwyr fel
Catchphrase, Now You're Talking, Welsh in a Week, Cariad@iaith?

_____

_____

_____

Ymarfer 2

Ysgrifennwch lythyr at S4C yn ymateb i raglen dych chi wedi ei gweld yn ddiweddar. (Os nad dych chi wedi gweld rhaglen ar S4C, ysgrifennwch at sianel arall i ymateb i raglen Saesneg).

Naill ai:

i. Ro'ch chi'n casáu'r rhaglen, a dych chi eisiau cwyno.

neu:

ii. Ro'ch chi wrth eich bodd â'r rhaglen a dych chi'n diolch i S4C am ei dangos.

_____

_____

_____

_____

_____

_____

_____

_____

_____

_____

_____

_____

_____

_____

_____

Pecyn Ymarfer - Cwrs Canolradd: Uned 18

Pecyn Ymarfer
Cwrs Canolradd:
Uned 19

 Ymarfer 1

Atebwch y cwestiynau yma:

1. Pa mor aml fyddwch chi'n cwrdd â'r teulu estynedig?
Ble byddwch chi'n cwrdd, fel arfer? Beth fyddwch chi'n wneud?

_____

_____

_____

2. Pa mor aml fyddwch chi'n cwrdd â ffrindiau ysgol neu ffrindiau coleg?
Pa mor aml fyddwch chi'n cwrdd, fel arfer? Beth fyddwch chi'n wneud?

_____

_____

_____

3. Pa mor aml dych chi'n defnyddio trafnidiaeth gyhoeddus?
Dych chi wedi cael profiad diddorol yn defnyddio bws, trên, neu awyren erioed?

_____

_____

_____

Ymarfer 2

Wrth i chi siopa yn eich archfarchnad leol, gofynnwyd i chi lenwi'r ffurflen yma a'i hanfon yn ôl i'r siop.

1. Pa mor bell dych chi'n teithio i'r siop?

_____

2. Sut dych chi'n teithio i'r siop?

_____

3. Pa adeg o'r dydd dych chi'n siopa yma fel arfer?

_____

4. Pa mor aml fyddwch chi'n dod i'r siop?

_____

5. Ers faint dych chi'n siopa yma?

_____

6. Pa mor aml fyddwch chi'n siopa mewn archfarchnadoedd eraill?

_____

7. Pam dych chi'n dewis dod i siopa yma?

_____

_____

_____

_____

8. Beth hoffech chi ei newid yn y siop?

_____

_____

_____

_____

9. Mae'r cwmni'n trafod eu polisi Cymraeg yn y siop.
Beth yw'ch barn chi am y polisi, a sut dylai fe newid?

_____

_____

_____

_____

_____

_____

Pecyn Ymarfer Cwrs Canolradd: Uned 20

Ymarfer 1

Newidiwch y cynghorion yma'n orchmynion i **ti**:

1. Rhaid i chi nofio rhwng y baneri coch a melyn

_____

2. Rhaid i chi fynd â ffrind gyda chi i nofio

_____

3. Rhaid i chi godi eich braich i fyny a gweiddi am help os dych mewn trafferth

_____

4. Rhaid i chi beidio mynd ar eich pen eich hun

_____

Ble basech chi'n gweld yr arwyddion yma?

Ymarfer 2

Darllenwch yr hysbyseb yma ac ateb y cwestiynau sy'n dilyn:

CWMNI YSWIRIANT CEIR MORGAN & MORGAN

Cynnig arbennig: tocyn gwyliau gwerth £20 i bawb sy'n ffonio yn ystod Mai, Mehefin, Gorffennaf neu Awst!

Ydych chi'n talu gormod am eich yswiriant?
Gall un alwad ffôn arbed punnoedd i chi!

Prisiau rhatach na'r cwmnïau mawr
Y gwasanaeth gorau posibl bob amser
Dim gwaith papur i chi - trefnir popeth dros y ffôn

Cysylltwch nawr a ffonio am ddim. Bydd un o'n gweithwyr proffesiynol, cyfeillgar yn barod i'ch helpu (mae pob un yn siarad Cymraeg)

800101231233
Bydd yn help i ni os bydd eich trwydded yrru a'ch tystysgrif yswiriant wrth law pan fyddwch chi'n ffonio

---

1. Pam does dim rhaid i chi ysgrifennu at Morgan&Morgan?

   _____

2. Faint mae'n ei gostio i gysylltu â'r cwmni?

   _____

3. Pam mae'n syniad da i ddysgwyr gysylltu â'r cwmni?

   _____

4. Beth sydd ei angen arnoch chi pan fyddwch chi'n cysylltu?

   _____

5. Pam mae hi'n syniad da cysylltu â nhw yn ystod yr haf?

   _____

Ymarfer 3

Cofiwch fod rhaid i chi recordio sgwrs â rhywun sy'n siarad Cymraeg, cyn bo hir.

1. Pwy fyddwch chi'n ei holi?

   _____

2. Pa mor dda dych chi'n ei nabod e/hi?

   _____

3. Sut cwrddoch chi gynta?

   _____

4. Beth sy gyda chi yn gyffredin â'r person yma?

   _____

5. Pa fath o gwestiynau fyddwch chi'n eu holi?

   _____

6. Pa mor hawdd yw hi i ddeall y person yma?

   _____

Pecyn Ymarfer
Cwrs Canolradd:
Uned 21

 Ymarfer 1

Dych chi wedi derbyn y llythyr yma. Atebwch y llythyr (tua 100 o eiriau).

Ysgol Llanaber
Heol y Môr
Llanaber

31 Mai 2007

Annwyl Riant / Gyn-ddisgybl,

Mae'r ysgol yn dathlu ei phen-blwydd yn 50 oed y flwyddyn nesaf. Rydyn ni eisiau trefnu nifer o weithgareddau (*activities*) yn ystod y flwyddyn.

1. Oes syniadau gyda chi?
2. Dych chi'n fodlon helpu? Pa help dych chi'n gallu ei roi i ni?

Diolch am eich diddordeb - hoffai'r ysgol dderbyn pob ateb cyn diwedd mis Mehefin.

Yn gywir,

Ceridwen Mainwaring
Prifathrawes

---

1. Ysgrifennwch gyfeiriad ar frig y llythyr (does dim rhaid rhoi'r cyfeiriad go iawn) a dechrau ag *Annwyl* ....

2. Ysgrifennwch ddau neu dri pharagraff.

3. Gorffennwch y llythyr mewn ffordd addas, e.e. *Yn gywir, Cofion*.

_____

_____

_____

_____

_____

_____

_____

_____

_____

_____

_____

_____

_____

_____

Ymarfer 2

Atebwch y cwestiynau yma:

1. Dych chi'n un (d)da am drefnu pethau? Beth yw'r peth mwya dych chi wedi ei drefnu yn ddiweddar?

_____

_____

2. Dych chi wedi bod ar bwyllgor erioed (ar wahân i'r gwaith)? Pa fath o beth dych chi'n wneud ar y pwyllgor?

_____

_____

3. Dych chi wedi bod mewn aduniad erioed? Sut oedd y profiad?

_____

_____

Pecyn Ymarfer Cwrs Canolradd: Uned 22

Ymarfer 1

Ysgrifennwch ddeialog rhwng dau berson. Dyw'r ddau ddim wedi gweld ei gilydd ers blynyddoedd. Mae newyddion da gyda un ohonyn nhw, a newyddion drwg gyda'r llall (*the other*).

A. _____

B. _____

A. _____

B. _____

A. _____

B. _____

A. _____

B. _____

A. _____

B. _____

A. _____

B. _____

A. _____

B. _____

Ymarfer 2

Newidiwch yr ymadroddion yma i fod yn fwy ffurfiol, gan ddefnyddio **hwn**, **hon**, neu **hyn**.

1.   y dyn yma   _____

2.   y ceir yma   _____

3.   y ferch yma   _____

4.   y gath yma   _____

5.   y tŷ yna   _____

6.   y dynion yna   _____

7.   y gegin yna   _____

8.   y ci yna   _____

Ymarfer 3

Llenwch y bylchau yn y darn hwn:

Pan _____ (torri) llais y boi soprano Aled Jones pan oedd e'n 16 oed, doedd dim

angen poeni _____ ei yrfa gerddorol ar ben. Roedd y bachgen o Landegfan ym

Môn yn gwybod y _____ canu eto ryw ddydd, meddai. Mae'r boi soprano hwnnw

yn fariton bellach, ac mae ei albwm cynta', **Aled**, yn cyrraedd y siopau yr wythnos nesa.

"Pan o'n i'n blentyn, _____ i ddim yn canu er mwyn bod yn enwog, ond am fy

mod i'n caru canu, ac ro'n i'n gwybod fy mod i'n mynd i ganu eto, hyd yn _____

tasai hynny ddim ond yn y bath," meddai.

Ond mae Aled Jones, a gyrhaeddodd y pump _____ (uchel) yn y siartiau

Prydeinig yng nghanol yr _____ (80au) gyda'r gân 'Walking in the Air', wedi

gwneud ychydig yn well na hynny. Erbyn hyn, mae wedi arwyddo cytundeb i recordio

pum albwm gyda chwmni Universal, y cwmni _____ gyfrifol am gantorion

byd-enwog fel Bryn Terfel a'r tenoriaid Russell Watson ac Andrea Bocelli.

Pecyn Ymarfer Cwrs Canolradd: Uned 23

Ymarfer 1

Gorffennwch y brawddegau yma, gan ddefnyddio'r sbardun.

e.e.   Mae John yn... (*interrupting me*)   torri ar fy nhraws i.

1.   Mae John yn... (*laughing at her*)   _____

2.   Paid... (*say everything after me*)   _____

3.   Paid... (*run in front of him*)   _____

4.   Dw i ddim yn... (*interrupting any one*)   _____

5.   Dw i ddim yn...(*laughing at you*)   _____

6.   Faset ti'n... (*run in front of me*)?   _____

7.   Does neb yn... (*laughing at anyone*)   _____

8.   Does neb yn... (*interrupting John*)   _____

Ymarfer 2

Cyfieithwch yr ymadroddion yma:

1.   *in front of her*   _____

2.   *around him*   _____

3.   *past it*   _____

4.   *across them*   _____

5.   *after her*   _____

6.   *by us*   _____

7.   *in front of me*   _____

8.   *behind him*   _____

9.   *around her*   _____

10.   *inside it*   _____

Ymarfer 3

Atebwch y cwestiynau yma:

1.   Dych chi'n un (d)da am roi cyfarwyddiadau i bobl?

_____

_____

_____

_____

2.   Dych chi'n un (d)da am ffeindio'ch ffordd o gwmpas dinas ddieithr?
Dych chi'n hoffi chwilio am lefydd mewn dinas ddieithr?

_____

_____

_____

_____

3.   Dych chi fel arfer yn gyrru neu'n darllen y map pan dych chi'n teithio
gyda rhywun i rywle newydd?

_____

_____

_____

_____

4.   Dych chi'n tueddu i fynd ar goll yn aml? Oes profiadau gyda chi o fod ar goll erioed?

_____

_____

_____

_____

Pecyn Ymarfer
Cwrs Canolradd:
Uned 24

 Ymarfer 1

Ysgrifennwch frawddegau gan ddefnyddio'r sbardun.

car / garej Jones&Jones   Mae fy nghar i yng ngarej Jones&Jones

1. cefnder / Caerdydd   _____

2. tad-cu / Treffynnon   _____

3. brawd / Bangor   _____

4. gwraig / Gwynedd   _____

5. plant / Pontypridd   _____

6. deintydd / Dolgellau   _____

Ymarfer 2

Cywirwch y brawddegau yma.

1. Prynodd John ddim byd.

_____

2. Dw i'n nabod ei teulu hi.

_____

3. Gest ti domato a caws i swper neithiwr?

_____

4. Mae'n well gyda fi bys na panas.

_____

5. Dw i ddim yn lico ceir Ford na ceir Honda.

_____

6. Do'n i ddim yn hoffi ei dŷ hi.

_____

Ymarfer 3

Darllenwch y darn yma, a newid y gair mewn cromfachau.

Mae Jeremy'n dod o _____ (Llandeilo)'n wreiddiol, ond yn byw ym

_____ (Bangor) nawr. Aeth e i _____ (coleg) amaethyddol cyn

dechrau gweithio i _____ (cwmni) coedwigaeth. Mae dwy _____

(merch) gyda fe, sy'n mynd i ysgol _____ (mawr) y _____ (tre).

Rhaid iddo fe _____ (mynd) â'i _____ (plant) e a _____

(plant) y bobl drws nesa i'r ysgol bob bore. Mae e wrth ei fodd yn rhedeg yn y

_____ (gwlad), ac mae e'n gwneud hynny ddwy waith neu _____

(3) bob wythnos. Mae e'n gobeithio rhedeg ym marathon Llundain y _____

(blwyddyn) nesa, os caiff e ei _____ (dewis).

Nawr ysgrifennwch y paragraff eto (rhwng y llinellau), gan newid i'r person cyntaf,
e.e. 'Jeremy dw i, dw i'n dod o...'

Ymarfer 4

Atebwch y cwestiynau yma:

1. Dych chi'n cofio rhywle arbennig iawn pan o'ch chi'n blant?
Ble o'ch chi'n chwarae? Oedd gemau arbennig i lefydd arbennig?

_____

_____

2. Dych chi wedi bod yn ôl i lefydd ble o'ch chi'n arfer chwarae?
Os dych chi, ydy'r lle wedi newid neu ydy e'n dal i fod yn debyg?

_____

_____

_____

_____

Pecyn Ymarfer Cwrs Canolradd: Uned 25

Ymarfer 1

Rhowch **byth** neu **erioed** yn y brawddegau yma:

1. Welwch chi _____ mohona i yn y lle 'na eto!

2. Do'n i _____ yn arfer cerdded i'r gwaith, ond dw i'n gwneud nawr.

3. Dyw John ddim wedi bod yn Ffrainc _____.

4. Faswn i _____ yn mynd ar wyliau i'r lle 'na.

5. Cymru am _____!

6. Ches i _____ bryd o fwyd mor ofnadwy yn fy mywyd.

7. Dyn nhw _____ yn mynd i weld eu rhieni nhw.

8. Ddest ti ddim i'r cyfarfod hwn _____ o'r blaen.

Ymarfer 2

Darllenwch y llythyr yma a'i ateb.

Cyngor Gwirfoddolwyr Cymru / Volunteer Council of Wales
9 Stryd yr Eglwys
Llanaber

5 Mehefin 2007

Annwyl Gyfaill,

Mae Cyngor Gwirfoddolwyr Cymru yn chwilio am bobl ym mhob rhan o'r wlad sy'n fodlon helpu gyda gwaith gwirfoddol (*voluntary*). Mae eisiau pobl i helpu gyda phob math o waith - yn gweithio gyda phobl neu'n gwella'r amgylchedd (*environment*).

Felly, os hoffech chi helpu, ysgrifennwch aton ni i ddweud pa fath o waith hoffech chi ei wneud a phryd dych chi'n gallu gwneud y gwaith. Bydd llawer o bobl yn ddiolchgar iawn i chi am helpu.

Yn gywir,

Samantha Lewis
Trefnydd

Pecyn Ymarfer
Cwrs Canolradd:
Uned 26

Ymarfer 1

Rhowch **yn** neu **mewn** yn y brawddegau yma, a'u newid os oes angen treiglad.

1.   Mae diddordeb gyda fi _____ hanes diweddar.

2.   Mae diddordeb gyda fi _____ hanes Iwerddon.

3.   Oes diddordeb gyda nhw _____ cymeriadau Charles Dickens?

4.   Does dim diddordeb gyda nhw _____ nofelau.

5.   Fasai diddordeb gyda hi _____ gweithio yma?

6.   Roedd diddordeb gyda ni _____ gwaith y ganolfan.

7.   Oes diddordeb gyda ti _____ pysgota?

8.   Oes diddordeb gyda ti _____ pysgota ar afonydd?

Ymarfer 2

Arolwg Hamdden

Mae cwmni ymchwil **HOLIAHOLI** yn gwneud arolwg ar sut mae pobl yn treulio eu hamser hamdden. Llenwch y ffurflen isod.

1.   Enw(au) cyntaf: _____

2.   Cyfenw: _____

3.   Cyfeiriad: _____
                  _____
                  _____

             Cod post: _____

4.   Dyddiad geni: _____

5. Sut treulioch chi eich amser hamdden yr wythnos diwetha? (tua 60 gair)

_____

_____

_____

_____

_____

_____

_____

_____

6. Beth dych chi'n feddwl o'r cyfleusterau hamdden yn eich ardal chi?
(tua 30 gair)

_____

_____

_____

_____

_____

_____

7. Pa fath o gyfleusterau hamdden basech chi'n hoffi eu gweld yn yr ardal?
Pam? (tua 50 gair)

_____

_____

_____

_____

_____

_____

Pecyn Ymarfer Cwrs Canolradd: Uned 27

Ymarfer 1

Darllenwch yr hysbyseb yma, ac ysgrifennu llythyr cais am y swydd. Dwedwch pam y basech chi'n hoffi'r swydd, pam dych chi'n meddwl y basech chi'n dda am wneud y swydd, faint o brofiad sy gyda chi ac yn y blaen. Does dim rhaid dweud y gwir!

> **NANI**
> i edrych ar ôl plant 1 a 5 oed
> Rhaid i'r ymgeisydd llwyddiannus siarad Cymraeg â'r plant drwy'r amser. Mae'r tad yn actor enwog ac yn awyddus i'r plant fod yn rhugl yn Gymraeg, ond dyw'r fam ddim yn siarad Cymraeg nac yn dod o Gymru. Lleolir y swydd yn Efrog Newydd, ond disgwylir i'r ymgeisydd llwyddiannus deithio gyda'r teulu ble bynnag mae'r ffilm ddiweddara. Cyflog i'w drafod.

_____
_____
_____
_____
_____
_____
_____
_____
_____
_____

Ymarfer 2

Atebwch y cwestiynau yma:

1. O'ch chi'n gweithio yn ystod y gwyliau, pan o'ch chi'n ifanc?

_____

_____

_____

_____

2. Dych chi'n meddwl ei bod hi'n syniad da i bobl ifanc weithio?

_____

_____

_____

_____

3. Ddylai myfyrwyr orfod gweithio i gynnal eu hunain yn y coleg?

_____

_____

_____

_____

_____

4. Dych chi wedi gwneud llawer o swyddi gwahanol?
Beth oedd eich swydd fwya anghyffredin? Pa un oedd y fwya diddorol i chi?

_____

_____

_____

_____

_____

_____

Pecyn Ymarfer
Cwrs Canolradd:
Uned

28

 Ymarfer 1

Rhowch eiriau addas i orffen y deialogau yma.

Deialog I

A. _____

B. Ydw wrth gwrs, dw i'n mwynhau mynd ar wyliau'n fawr.

A. _____

B. Ddim yn bell iawn, i Ewrop fel arfer.

A. _____

B. Y llynedd? I Sbaen.

A. _____

B. Dim byd yn arbennig, dim ond ymlacio wrth y pwll nofio.

Deialog II

A. Sut oedd y daith i Dde America?

B. _____

A. Nac oedd! Pam roedd hi mor ddrwg?

B. _____

A. Druan ohonoch chi. Sut digwyddodd hynny?

B. _____

A. Fasech chi'n mynd ar yr un gwyliau eto?

B. _____

Ymarfer 2

Ysgrifennwch ddisgrifiad o'r gwyliau ro'ch chi'n arfer eu cael pan o'ch chi'n blentyn.
Atebwch y cwestiynau yma yn y darn:

i. Ble o'ch chi'n mynd ar wyliau teulu, pan o'ch chi'n blentyn?
ii. Beth o'ch chi'n wneud fel arfer?
iii. Dych chi wedi bod yn ôl, fel oedolyn, i rai o'r llefydd hyn?
iv. Faint dych chi'n ei gofio am y gwyliau cynhara gaethoch chi?

_____

_____

_____

_____

_____

_____

_____

Ymarfer 3

Edrychwch ar y map yma o Gymru. Dewiswch ddau le ac ysgrifennu enw'r pentre / ardal
ar y map. Yna, ysgrifennwch bum rheswm pam dylai rhywun ymweld â'r pentre / ardal.
Peidiwch dewis yr ardal lle dych chi'n byw.

Lle 1 _____

_____

_____

_____

_____

Lle 2 _____

_____

_____

_____

_____

Pecyn Ymarfer Cwrs Canolradd: Uned 29

Ysgrifennwch lythyr ar un o'r testunau yma.
Cewch ysgrifennu rhagor, os bydd eich tiwtor yn fodlon ei farcio!

1. Mae adeiladwyr wedi bod yn gweithio ar eich tŷ chi, ond dych chi ddim yn hapus â'r gwaith wnaethon nhw. Ysgrifennwch lythyr atyn nhw yn cwyno.

2. Mae eich coleg wedi dweud bod eich dosbarth Cymraeg yn gorffen, oherwydd nad oes digon o bobl yn y dosbarth. Ysgrifennwch lythyr atyn nhw'n dweud pam dylai'r dosbarth barhau.

3. Mae eich ffrind wedi cael newyddion drwg. Ysgrifennwch lythyr ato / ati yn cydymdeimlo, ac yn cynnig cyngor.

4. Dych chi newydd fod yn aros mewn gwesty yn rhywle yng Nghymru. Roedd y gwesty'n ofnadwy. Ysgrifennwch at y gwesty gan esbonio beth oedd y broblem ac yn gofyn am eich arian yn ôl.

5. Mae rhywun sy'n gweithio gyda chi yn ymddeol cyn bo hir. Dych chi'n mynd i drefnu parti. Ysgrifennwch at reolwr gwesty lleol yn dweud beth dych chi eisiau ac yn gofyn am brisiau.

Pecyn Ymarfer
Cwrs Canolradd:
Uned 30

Dych chi'n mynd i enwebu (*nominate*) eich tiwtor chi ar gyfer cystadleuaeth Tiwtor y Flwyddyn. Llenwch y ffurflen isod. Does dim rhaid dweud y gwir!

TIWTOR Y FLWYDDYN

Enw'r tiwtor: _____

Coleg / Sefydliad: _____

Yn dysgu dosbarthiadau ers: _____

Dwedwch rywbeth am gefndir eich tiwtor. (tua 50 gair)

_____

_____

_____

_____

_____

Sut mae eich tiwtor yn helpu dysgwyr:

i.   Yn y dosbarth (20 gair)

_____

_____

_____

_____

ii. Y tu allan i'r dosbarth (20 gair)

_____

_____

_____

_____

Pam dych chi'n meddwl bod eich tiwtor chi'n haeddu bod yn Diwtor y Flwyddyn?
(tua 80 gair)

_____

_____

_____

_____

_____

_____

_____

_____

_____

_____

_____

_____

_____

_____

Fasech chi'n dweud wrth ddysgwyr eraill am ymuno â dosbarth eich tiwtor chi?

_____